Aase Susanne Andersen

humoristiske digte fra landet

Peder Fjordvang

Tekst © Peder Fjordvang 2018

Design & foto © Peder Fjordvang

ISBN: 9788743001409

Forlag: BoD – Books on Demand, København, Danmark

Tryk: BoD – Books on Demand, Norderstedt, Tyskland

Indholdsfortegnelse

Aase Susanne Andersen var en helt speciel person.

Hun boede lige uden for en lille by i et stråtækt husmandssted med sprossede vinduer og farverige stokroser voksende op ad muren.

Når jeg kom forbi, kunne jeg nogle gange høre hende synge over i stalden. Indenfor duftede der næsten altid af kaffe og nybagte boller.

Til hendes husmandssted hørte et par marker, et hjørne af en lille skov og et engareal. Her gik hun sin daglige tur.

Bliver du ikke træt af hele tiden at gå næsten den samme tur, spurgte jeg en gang, hvor jeg var inviteret med ud.

Nej da, svarede hun lattermild. Jeg ved, hvornår de knaldgule engkappelejer nede ved engen springer ud om foråret. Jeg ser, hvor svalerne flyver efter mad til deres unger. Jeg holder øje med, om jeg kan få et glimt af grævlingen, der holder til over ved skoven. Og så tror jeg, at jeg kender hvert enkelt træ og busk på mit lille sted, og jeg følger med i det hele. Der er altid noget nyt at se og opleve herude på landet.

Hun var næsten altid i godt humør. Hvis det kneb lidt, gik hun bare en lidt længere tur, måske endda et stykke udenfor hendes egne marker. Så kunne hun igen tage imod livet. Jeg skulle bare ud og have lidt luft, sagde hun så næsten undskyldende.

En gang, på en af disse ture, udbrød hun pludselig højt og uden videre, boomboom, zissizissi. Bagefter krydrede hun udtalelsen yderligere med lignende uforståelige lyde.

Så nu slår det da helt klik for den gamle dame, tænkte jeg. Hvad har du gang i, spurgte jeg undrende og meget bekymret.

Jo, kan du ikke høre det. Nogle lyde er spidse som zissizissi og nogle er runde som boomboom?

Faktisk havde hun sans for ord og lyde og kunne komme med de mest pudsige tankespring. Digtene i denne bog er meget inspireret af netop sådanne øjeblikke med hende.

Du er en ren digter, påstod jeg en gang. Ha, svarede hun, det eneste digt, jeg kan, er: Det er sjovt at hedde Line, for med hende kan vi grine. Det er fis at hedde Ante, for med hende kan man fjante. Det er klogt at hedde Lise, for hun er en af de vise. Men det er trist at hedde Aase, for det rimer jo på dåse. Og så skraldgrinede hun.

Denne bog er tilegnet Aase Susanne Andersen og alle hendes lige.

Respektløse digte

Forbrændte dufte

Den formummede

konditor

kaglede lystigt

til duftenes vemodighed

Mens brandene

fra tekoppernes hvirvlen

knitrede fortvivlet oprigtige

til sirenernes hylen

Brombærtærte

Når chokoladeskyens forvitrede minde

strækker halsen af led

for at se spor af min blødeste visdom

kommer fuglene fra børnene

og slår sig ned for at æde

I dunkelskæret af glemsomhed

taler du om tågerne på havet

som kan skjule et helt skib

for cyklonernes tanker

som om det var alt du kunne huske

Sonantiske overvejelser

Jeg synger violet

og tårerne giver kraft

til at åbne for sluserne

Det glemte vand

flyder over sine bredder

og vander marken

hvor et kid stavrer rundt

savnet af sin mor

Blottelsen af fravær

crooner mig i øjnene

til hjerternes akse

Måske i morgen

får jeg svar

i solen

når tågens dis

langsomt

fordamper

Sukkersøde tanker

Nede ved min sukkerkiste

ligger der en sukkertang

Den kan bruges til at fange

tanken, når den er for lang

Vovet

De halsløse hunde gøede

langt værre end træernes susen

På øen Hesus var der ingen hunde

som kunne lytte til luftenes visdom

Til sidst spiste de dog en nadver

som fik lydene til at forstumme

Ristede udsagnsord

Hvis den stolte

ganger med sytten

slagtemodne

får dividenden

betalt med æble

skrog der bryder

bølgerne i græs

se lige er mine tanker der til

skuer over verdens tag

fat mod en i salighed

om end du dør

håndtaget leder kun

til verdens under

gange i mørket

Blæs en march

De ivrige historikere

reparerede

epoker

og andre sælsomme stunder

Men skipperen sejlede

alligevel

mod tidernes morgen

uden forsikring

Det bedste var dog

trompetisten

da hun truttede

den evigt sande myte

Pruttende elefanter

De pruttende elefanter sugede med snablerne

som toget der tudede over manglende fut

Men hjemme i stuen hos det hjemløse barn

sov lærdommen med bøgernes vrantne bogstaver

Tiden går

Gokkeløjen kom for sent

til uret

fordi

det gik for hurtigt

Men månens drys

af solskin

gjorde alligevel

tidens favntag fordøjelig

Trusser

Mit faste princip er

kun at vise mine trusser

til udvalgte

Mine små frække sorte

til mødet med en nær ven

bare for sjov

Mine snehvide og rene

til en aftale med lægen

helt ærbare

Men mine sjuskede

gemmer jeg allermest

bag mit princip

Kærlighedens vindue

I stedet for tankernes violer

Sendte hun ham et vindue

Nu pudser han næsen

Mens han læner sig ud

Tøff gut

Han tøffer så nydeligt

Mon han duer

Ja, duerne flaksede i vinden

som sommerfuglenes farver

Nu tøffer de flaksende sommerfugle

som vinden i det gamle ur

Inderst inde

De hvirvlende fanfarer

som driver rundt i sindet

gør sig til herre over sløret

men forfejler deres mål

Kysset

Dromedaren og kysset fløj til vejrs

men i himlen blev de ramt

af luftens bevingede ord

Mon ædrueligheden vågner

med sværdets prikken

så spids som fingeren i et røvhul

Grækenland

Den stejleste mø

i Grækenland

har suttet

på lysets dioder

Hendes hår er så langt

i Grækenland

at det vuffer miav

når hun lægger et æg

Men bravest af alle

i Grækenland

er kyklopens blindede øje

når det skæmter vildt med solen

Alle stiger af

Ved busstoppestedet

steg han på hende

og kørte rundt med hende

over hele byen

Hvis der var nogen

som blev frække

gav han hende blot

et enkelt dyt i bamsen

Nu tager hun alle med

og råber sjofle ord

hvis hun da ikke tøffer

eller passer sig selv

Verdens harmoni

Jeg gled ud ad regnbueporten

til lyden af såmaskinens

evindelige pikke

Stolt i en blå nuance

forbi en gadedør

til jeg ankom

Ud over yin

fik jeg hylet

Let sind

Jamrende medbestemmelse

uden træernes livskraft

bliver mudrede fødder

og et voksende savn

I yderste nød og af mangel på bedre

lander visdommens sommerfugl

Og spreder sine glimmervinger ud

over hundenes galpen

Så rejser en lille dreng sig op

Mor, hvad er evigheden egentlig?

Og begynder fnisende en leg med tanken

De voksne må nøjes med tilværelsen

Kommenteret stavefejl

I smaskende ssafters ulydighed

et tjat til hele rrr'et

jeg lydder som en gryntet kalvv

lige op i bærrret

Hopla fis'me hvor det går

på trods af alle tanker

her sidder jeg og digter løs

og håber, at der vanker

At dykke i luften

Hun dykkede

ud af luften

og sprang

ind i verden

Dybt nede

fandtes mulighederne

Højt oppe

fandtes det ikke sete

Fåreår

Tænke gruble savle

en fisk ud af ærmet

nu kommer

blå åkanders velsmag

ud af vandene

som brægende tudser

Hikke hoppe slikke

en mus kravler op

frem kommer

frøernes uldne dufte

plantet i jorden

i venten på bedre

Krøllet morgengaaab

I halshuggede stringenter

af de levende ord

er sproghævnen gantastisk

molerverende i tonen

Desforinden daggryets mumlende

vender sig i sengen

og stabler fødderne ooooopppp

til en ny dags klarsyn

Gok gok

Skaldede høns

drømmer nøgne tanker

om det rene pip

Gok gokkede gokken

kaglende

men fjerlet

Uden yderligere moral

forsager jeg alt kød

som er fra nøgne høns

De kendte

Elskerinden

til det syvende sejl

mester af det ophøjede

og multitalent i ekstasernes labyrint

samt søster

til den storøjede troldmand

HUN

udglattede smørret

på en almindelig rugkiks

med de mest dagligdags bevægelser

Hygge ved skærmen

I den øffecielle menighed

bad de frelste grisebasser

så inderligt og andagtsfuldt

og med deres store blå øjne åbne

til den forførende skærm

Giv os i dag vort daglige hundeæde

Forlad os vores skyld

og lad os give de andre skylden

led os ud i fristelser

og giv os alt det onde

For din er meningerne og magten

i enighed

Amen

Fastfrosset øjeblik

Granerne svajede i den sprøde vind

numsen vuggede hele tiden

kun den fremmede bus

stod stille

i bevidstheden

før den kørte over for rødt

Trance

Musikken blæser

skru den op

lad den drøne

jeg vil høre

Ta tata Ta tata Ta tata

Spjæt i benene

stop aldrig

vug til rytmen

stamp i gulvet

Ha haha Ha haha Ha haha

Red verden!

Jeg fik kam til mit hår

da min egen frisør

opfordrede mig

Red Verden

Men det var mareridtet

som red mig

før jeg kunne sadle om

og redde verden

ud af dens redelighed

Filosofiske overvejelser

Helt afklædt

En nøgen mand

sidder på en bænk

Det er ikke

en hvilken som helst bænk

Bænken er groft udskåret

af et fint stykke træ

og graciøst placeret

midt i det uskyldige landskab

Manden er heller ikke nøgen

Han er sort

og fuld af fordomme

Ingenting

Det er ikke for ingenting

at JEG har studeret

på en af vore fineste universiteter

Jeg ved ganske vist ingenting

men jeg ved det

på en udsøgt og meget dannet måde

Almindelige folk ved slet ingenting

på en meget primitiv måde

uden nogen indsigt overhovedet

Men alting er ingenting

på en ret betydningsfuld facon

som kun vi i eliten kan fatte

Så når vi siger ingenting

så lyt da til vore allerviseste ord

for kun vi kan virkelig sige ingenting

Fine tanker

Vindens susen

løvets raslen

og langt ude i horisonten

en sjælden rød solnedgang

Min verden var ikke større

i dette øjeblik

og behøvede intet andet

Hvad i al verden!

Står du bare der

i dine egne tanker?

sagt med slet skjult forargelse

Let pikeret måtte jeg svare:

Det er vel bedre

end at du står der

i mine tanker

Ægte tidsfordriv

Mens smilene farer løs

på de nærmeste

vrinsker grisene

i sanseløst bedrag

over at være midtpunkt

i en svinsk dramaserie

En menneskemængde

fulde af tomme hjerner

springer ud og ind

af tankerækkerne

der er så små

at de ikke er et øjeblik værd

Og når mundene gaber

fodres de af tomheder

som hverken mætter eller nærer

men huler livet ud

Du kan kun leve rigtigt

alle andre steder end her

Vov vov

Hundene gav hals

men hvem gav de den til?

En forfærdelig historie

Min ven troede

at han kunne flyve

helt op i himlen

hvor alle tanker bor

Jeg havde et værre mas

med at holde ham

helt ned på jorden

hvor al dagligdagen er

Lysglimt

Virkeligheden springer

fra rummets dybder

hvor stjernerne fødes

Men kendsgerningerne

skabes med fantasien

i flimrende glimt af forståelse

Består virkeligheden nu

af fantasifulde kendsgerninger?

Eller drømmer vi bare?

Hvad er op og ned

Hvis træerne voksede nedad

Ville verden så være

fyldt med rødder

Ville toppene

skrabe skyerne

Og ville den altfavnende glæde

ved stammernes brovtende forfængelighed

ved lyden af tusinde rødder i vinden

med bladehængenes grønne jadeskær

og det rene pip fra fuglene deri

med mulden som akustisk ekko

for altid

være begravet?

Finder håb og tålmodighed

Det er en kunst

at finde noget

En kunst, som kun de få

finder ud af

Men man skal være omhyggelig

og træde varsomt

aldrig tøve

aldrig give op

aldrig være tanketom

i det mindste ikke for meget

Og så skal man ville

have lyst til at finde

værdsætte hvert minut

af kundskabens teori

Indtil nu

har jeg intet fundet

Sandhed

Sandheden for den slagne

er ønsket om retfærdighed

Sandheden for den sejrende

er retfærdighed

Men hvad så med i går

Hvis i morgen

er i dag

vil jeg være ked af det

for så ved jeg ikke

hvad jeg er gået glip af

Hvis i dag

er i morgen

vil jeg være ked af det

for så ved jeg

at jeg ikke kan følge med

Hvis i dag

er i dag

vil jeg være glad

for så ved jeg

at jeg lever som jeg har lyst til

Forstå en erkendelse

Den grundlæggende forståelse

skulle netop til

at tillægge sig

en pavelig romance

Men de kokette kæresterier

snublede i starten

og så surmulende på

den forfinede erkendelse

Livets mening

Spiser den store hund

mere end den lille vovse

fordi den er sulten

Løber den store hjort

hurtigere end den lille Bambi

fordi den har travlt

Ser den store fugl

mere end den lille piphans

fordi den er større

Er meningen med det store liv

større end den lille død

når det er svært at finde meningen

Reverse filosofi

Et lys uden ende

hvor langt er det?

Er størrelsen af lys

så mindre end en tanke?

Og hvis resultatet var omvendt

ville jeg så have tænkt det?

Terror

Ingen terror er så stor

som sandheden

Den afslører enhver hensigt

Kaster lys på alle mål

og løgne bliver magtesløse

Kun forståelsen

kan måles sig med sandheden

Kloge politikere

Vi er alle sammen kloge

Og fordi vi er så kloge

vælger vi kloge mænd og kvinder

til at lede os gennem livet

Nogle ledere påstår dog

at de ikke er rigtig kloge

og det er jo klart set

så de er alligevel ganske kloge

Andre hævder dog energisk

at de skam er kloge nok

hvilket vil være uklogt at afvise

så derfor er de også rigtig kloge

Et vanskeligt tilfælde

Tving mig bare til at indrømme

at jeg er skør

Nej!

Sig mig ikke imod

jeg ved det

Det er faktisk pinligt

at gå og vide

dét!

Men på den anden side

ville det være mere pinligt

måske ligefrem lidt til en side

ikke at vide

noget

Så her er jeg i alle fald

og har det skideskægt på rulleskøjter

Den afklædte

Det skulle have været

den nøgne sandhed

Men det blev aldrig til mere

end to halve sandheder

Tankernes flugt

Jeg havde så travlt med at tænke

at jeg tænkte over det

i meget lang tid

Idet jeg tænkte

tænkte jeg

at jeg tænker

Tænker jeg så tanken

eller er det tanken som tænker?

Hvis tanken tænker tanker

hvordan kan den så være skabt

før den tænker?

Jeg tænkte tankerne

og så glemte jeg

hvad det var

jeg tænkte på

Desperat forsøgte jeg

at genskabe

hvad det nu var

som jeg havde tænkt

Jeg vidste

det var vigtigt!

Kunne mærke presset

Men tankerne ville ikke tænkes!

Dagen efter ringer min mor

Da vidste jeg

at jeg havde haft travlt

med at tænke:

Husk nu hendes fødselsdag

En bestemt blå

Du snakker om vold

ja, krig vold og elendighed

Blå! siger jeg

Blå, blå, blllå

Hvad siger du?

Blå! fastholder jeg

Blå! er løsningen

Jamen al verdens ondskab?

BLÅ! siger jeg overbevist

Verdensøkonomien?

Blå!

Taberne i samfundet?

Blå!

De fælder træer i parken?

Blå!

Din ven bedrager dig?

Blå!

Jeg synes altså

at det er alt for billigt

når du bare siger blå

Helt i orden

Så måske ultramarin

med et skær af karfunkel!

Et glad menneske

Jeg er glad!

Ja, ikke som dig

nej, jeg er glad

på min helt egen måde

Når jeg smiler

så kan du se min hjørnetand

den er lille og lidt skæv

på en egen personlig måde

Hvis du glædede dig

fordi solen skinnede på dig

Så ville min glæde være en anden

når den skinnede på mig

for du kan aldrig

føle glæden

ved sol netop på min næsetip

Hvis vi frydede os

over det samme

så ville jeg fryde mig

på en helt anden måde

alene fordi

jeg jo stod et helt andet sted

og fryden ville så ramme mig

fra en helt anden vinkel

Så derfor er jeg glad

på min helt egen måde

Jeg har skam personlighed

Handlingsreferat

De var utrolige betydningsfulde

Mændene var vigtige og udspekulerede

mens kvinderne var vrede og påståelige

Sammen ville de beslutte

Du skal have et stykke med ost

påstod Else som var aftenens vært

Åh nej! Den lugter godt nok

svarede gamle Ole, som stadig havde hår

og derfor blev kaldt den unge

Hurtigt skubbede han ostemaden videre

Men Hanne ville heller ikke have den

Ved en fiks manøvre havnede den så hos Per

Han besluttede raskt at gnaske stinkeren i sig

Men han var også den mest beslutsomme

af samtlige tilstedeværende

Bøvs, afrundede han

og velbekomme svarede alle i kor

og så gik de fra bordet som om intet var hændt

Et aldeles ligegyldigt træ

For enden af vejen

står et almindeligt træ

som jeg knap bemærker

Det er et ligegyldigt træ

Barken er brun

og måske lidt plettet

Jeg ved det faktisk ikke

Jeg gætter bare

Bladene er som blade

deres nuance er der

men jeg kan altså ikke huske

hvilken nuance de har

Træet står der bare

Jeg går forbi

hver eneste dag

uden at se det

For det er et helt ligegyldigt træ

Jeg ville bare ønske

at det var ligegyldigt

på en mindre højtråbende måde

Gråt guld

Dine hænder fortæller

om det hårde slid

om de mange ydmygelser

og de lange dage

Men ud af dine øjne

springer tusinde sange

om suset ved at leve

om glæden ved dine børn

og om blomster fra dine elskere

Og din vuggende gang

som en løvinde

som en værdig person

som en mor

Jamen, gamle fru Larsen dog

Din krop fortæller

så levende

og meget

Jeg bliver jo helt genert!

Kaerlighed

Fisseme for galt

Det smuldrende begær

under lumrende dyner

Gid jeg kunne sove

fra protestationens liv

Tæller blåhovederne

de rejser i en klasse for sig

Måske vender lysten

hjem til fars brød

Alt er kærlighed

Tyngden af ord

Dybden af en tanke

Vægten af følelser

Jeg elsker dig

Kærlighed

BZZZZZZZZZZ

Søde drømme

Jeg snupper en stribe af solskin

og putter den under min pude

for i nat

vil jeg drømme solskin

og være sammen med dig

Forførende tøjstykker

Skaber mennesker tøj

Nej, tøj skaber mennesker

i pragtens natur

Jeg havde mødt dig

det smukkeste væsen

i min verden

Men da du stod nøgen

opdagede jeg

at tøjet var smukkest

Faldera

Da han faldt

for hende

snublede hun

over ham

og faldt

ind i fornuften

Fortryllende revner

Derfra hvor jeg lå

kunne jeg se den

oppe i loftet

En revne

måske opstået af fugt?

Den var ikke speciel stor

eller lille

snarere almindelig

Hvis man kan sige det

om en revne

Den bugtede sig magisk

over mit helt private loft

og jeg har haft den

lige siden jeg overtog huset

Jeg kunne ikke huske

sidst jeg havde set den

Men på den anden side

kunne jeg have set den

mange gange

uden at huske det

I det øjeblik

udbrød min kæreste

fra en helt anden vinkel

og helt revnefærdig

af stolthed

Af de vidunderlige revner

jeg nogensinde har set

er den smukkeste din

Et nød-vendigt spørgsmål til ham

Mandelformede øjne

nøddefarvet teint

og kastaniebrunt hår

Kastede hun sine nødder

lige i synet på dig

ville du da råbe

af nød?

Et kærlighedsdigt

Dit sølvglinsende hår

elegant bølgende

når du går

Dine udtryksfulde øjne

så kære

og ganske uudgrundelige

Din spændstige krop

ren atletisk

helt fyldt op af styrke

Din pikante duft

karakterfast

selv på afstand pirrende

Ohh, hvor jeg elsker dig

med dit smækre mohairhår

min egen bæh-ged

Ikke ringe

Træt på hotel

efter konferencen

Entre, stue, badeværelse

bord, stol, seng

ikke prangende

men ældet som vin

Pludselige kvindelyde

anstrengte og nødlidende

presser sig gennem væggen

og folder sig ud i et råb

som hamrer mod mine ører

Nej. Nej, NEJ!

Jeg stivner

men hjertet render forud

tør knap trække vejret

Åh Gud!

Hvad er det?

Lyden som af slag

Åhh! Og en rallen

som presset af en pude

for mundens afmagt

Skal jeg ringe efter hjælp?

til receptionen?

til politiet?

Hvor er handlingen?

Jeg hører tumult

en mands brutale brummen

er det vold?

er det overfald?

er det mord?

Mine fingre fumler

de første cifre

på telefonens langsomme taster

Åhh nej!

Jeg kommer!

Jeg Kommer!

JEG KOMMER!

Måske skulle jeg vente lidt

med at ringe?

Erotisk smeltedigel

En sang af længslernes ioner

langt over kastralernes kor

dybrøde underrums toner

hjerternes svar er stor

Giv mig af bukkenes bringer

lidt til at forkæle mig med

tårer fra lænderne springer

med varmen fra træets ved

Åbn hånden. Hør min kalden

cyklamen er farven af glad

krydret som lugten i stalden

som smager voldsomt som mad

Kærlighedens rosenblade

I forventningens lyst

dekorerer jeg mit slot

med kostelige perler

Jeg byder de brusende horder

med deres lilla og røde ganger

velkommen til mit rige

Porten åbnes på vid gab

jeg strøer rosenblade på vejen

og giver sanserne fri

Jeg beværter dem overdådigt

med de klareste drikke

og den varmeste stald

Til tonerne af underlige rytmer

tilbereder jeg en ventet dessert

et æg fra de slumrende indrer

Jambalaya

Hendes blå hårs metafysiske spidser

smuttede forbi hans grønne øjne

Med den ringlende lyd af måneskin

Prinsen kvækkede til frøernes forårsleg

mens jaden fordybede sig i genskæret

af sveddråbernes forblommede antydninger

Et kys i yderste nødsfald

dekorer nu deres læber

i begyndelsens ende

Vandet

Først fløid hun ud i vandet

så fløid han ud i vandet

Nu flyder vandet af sig selv

Min bamse

Jeg elsker

min bamse

det kære lille pus

Hver aften

i sengen

jeg giver den lidt nus

Uvejr

Jeg ser

urtidens åndesyn

når lynene flækker himlen

Jeg hører

havets brølen

når regnen hamrer mod taget

Jeg føler

min sitrende krop

når stormen genspejler sig i dine øjne

Derude på landet

Sange fra landet

Koen crooner

langt ude på marken

hvor engen bliver til vand

og ingen hører efter

Hele sit liv

har den øvet sig

og som mestersanger

brøler den hæst

Den har store patter

og en bred svunget røv

lige præcis egnet

til de store præstationer

Et rockband, et jazzy orkester

den stemme burde høres

Hvor er talentspejderen

når han er mere end nødvendig

Ren mælk

Jeg muger ud hos mine køer

med skovl og kost og trillebør

lortet ligger overalt

hvor det af køers røve faldt

Gad jeg ikke feje det op

fik du ingen mælk i din kop

Krible krable

Lange elegante ben

spreder sig dovent

hen over loftet

Edderkoppen føler sig frem

forsigtigt og velovervejet

som en ballet i slowmotion

Kravler langsomt fremad

mister grebet i loftet

hænger et øjeblik i en usynlig tråd

Klatrer sikkert opad igen

forsøger sig igen

mister atter grebet i loftet

Falder

Hvirvler

nedad

ingen tråd

lander

kriblende

på mit ansigt

Skriger

Nej, jeg skriger

Markvandring

Uendelige marker og enge

spundet i solens lys

med glitrende dug i edderkoppespind

og stilheden som en ven

Jeg svømmede i utrolighedens nærvær

bundet til tiden af kærtegn

i sansende nærvær

for naturen som den er

Så sked en fugl mig på næsen

Et helt andet sted

Mørket ligger fløjlsblødt over skoven

En ræv hoster hæst i tykningen

På marken forskrækkes en hest

Månen skinner drømmeagtig klart

I søen springer en fisk

og bader sig i duften af lyset

Jeg sover tungt

hjemme i min seng

så jeg er ligeglad

Blomstrende ukrudt

At turde fødes

som et helt hav af mælkebøtter

på en upåvirket græsgrøn mark

og eksplodere

i synet

på alle

der går forbi

Koen Yrsas endeligt

En længselsfuld brølen

flyver gennem luften

hos købmanden i dag

En dåse med kød

Er det Yrsa?

Min dejlige jerseyko

som ude på marken

var så kælen

men gav for lidt

og derfor skulle slagtes

Er det mon denne dåse

fundet hos købmanden

som blev Yrsas sidste hvilested

Muh!

Fuglen i natten

Natten er lang

mens fuglen synger mod himlen

lige uden for mit vindue

Igen og igen

En sirlig melodi

med melodiøs akkuratesse

og forbløffende opfindsomhed

En sand virtuos

Følelserne overvælder mig

og der kun er få ord tilbage

Hold dog kæft fugl

så jeg kan få lidt nattero!

God morgen

Rundt om de syrlige brød

smagen på tungen

af fortryllede tanker

om natur og kærlighed

Vender en sang på tungen

jeg gumler i takt

til morgenens dufte

af kostald og kaffe

Godmorgen synger jeg

klapper vor kalv

fatter en kost

Bare en gård på landet

En helt nøgen ko

Det var en yndig raceko

Den stod fuldstændig nøgen

på toppen af en bakke

så den på uanstændig vis

kunne ses i al sin nøgenhed

I det afklædte landskab

muuhede den forførende

slog koket med halen

med sin helt bare rumpe

svunget elegant op mod vinden

Men der var ingen tyr i miles omkreds

Heldigvis havde vi købt tyresæd

Så den blev alligevel med kalv

Ordets pragt

Jeg skrev vidunderlige ord

Pludselig

var der ikke flere ***

&

& &

& & &

& & & &

& & & & &

& & & & & &

& & & & & & &

Men så kom jeg atter til orde

Ord ord ord ord ord ord ord

ord ord ord ord ord ord

ord ord ord ord ord

ord ord ord ord

ord ord ord

ord ord

ord!

Ahhhhh!

Lyden af penge

Rap dask gok

Anders And

giver penge

til Kylling

Fejlagtige ord

Ved en fejl

mængede et kendt ord sig

med et helt fremmed

Lad være!

råbte de andre ord forfærdede

I skaber blot forvirring!

Men det fremmede ord

lagde sig blot tæt

op ad det kendte

Da varmen bredte sig

mellem ordene

smeltede de sammen

i forskellige ordstillinger

Nu kan ord ikke længere beskrive

hvad fejlen var

Selvbevidst?

Jeg er ikke mig selv i dag

Du siger

jeg er en helt anden

Nu har jeg spurgt en anden

og hun siger

hun ikke er mig

Jeg må komme tilbage en anden gang

så er hun måske også en anden

og vi kan snakke sammen

som hinanden

Cerebrale vibrationer

Der faldt brænde ned

da den store brændehugger

kløvede ord

med sin allermindste økse

Indtil den mægtige Himmel

højere end ord

faldt

for de afmægtige mennesker

på Jorden

For sjov

Vikedi vakedi vov

dette er bare for sjov

når rimene kommer og presser sig på

fra håret og helt ned til min storetå

så kan man sige at det er mit held

at ordene kommer helt af sig selv

Vikedi vakedi vov

så er det rigtig for sjov

Om igen

Mens det allersidste ord

svævede imellem os

kom løgnen farende

helt uindbudt

som den første indskydelse

Mangel på ord

Mine ord er ikke nok

til at fortælle

om mine følelser

om mine indtryk

om mine overvejelser

bag mine udtryk

Mine ord

vil altid være for få

og for alene

i forhold

til mine tanker

Mine ord kan kun sige

hvad du vil høre

fra mig

Så lyt aldrig til mine ord

hvis du vil forstå

hvad jeg siger

Kun et enkelt ord

Et ord

er et ord

er mange ord

En vejfarende

Jeg går over vajen

men kommer ingen vajne

Vajen snor sig ud og ind

med mystiske sving

omkring min tunge

Men vajen fører ingen steder hen

Hvad er der i vajen?

Forstår det ikke

Er lyden af vajen gået i stå?

Men næste gang

vil jeg meget hellere

prøve med vejen i stedet

Nøgne ord

Ord

Ord alene blotter sig selv

Kalder på opmærksomhed

Viser ingen følelser

Kan ikke udtale sig selv

Går glip af sammenhængen

Ord kan ikke lide at stå alene

De kalder på andre ord

Mænger sig med dem

Slår sig sammen

Danner en sætning

Bliver til linjer

Til sidst former de sig til dette her digt

Om forfatteren

Kender du mig heller også

Du sidder hos dig selv

og læser mine digte

nu kender du mig

heller også

Du ved ikke

hvad jeg laver

Du har aldrig

mødt mig

og dét

har du heller også lyst til

Men du ved heller også

hvor jeg næppe har været

og du tror heller også

at jeg er sådan én

Bare jeg dog kunne lade være

med at fortælle dig alt!

Men det kan jeg da heller også

Det endegyldige digt

Jeg vil SKRIVE for verden

et prægtigt digt

måske et heltekvad

eller muligvis

om de rigtig store ting i verden

Kærlighed og død!

endelig en forandring

der rykker i menneskesjælen

skyller ind over vore følelser

sukker og lytter

Jeg vil skrive noget storslået om verden

Men den må vente

for jeg har ikke tid lige nu

Skriv bedre digte
- lyrikkens virkemidler

Forfatter: Peder Fjordvang med hjælp fra Abalie A´s digte

ISBN-13: 9788771143522

203 sider

En nyskabende og spændende guide til alle forfattere eller fortolkere af moderne digte.

Her er DEN inspirerende opslags- og håndbog om virkemidler i digte, hvad enten du er begynder eller erfaren ud i digtekunsten.

Magical and enchanting photo collages

- Strong colors create strong emotions

Forfatter: Peder Fjordvang

ISBN-13:   9788743000280

44 sider

Denne bog er en præsentation af fotografen Peder Fjordvang's fotokollager.

Egne fotos sættes sammen og forvandles til magiske kollager med inspiration hentet fra surrealisme, symbolisme og et stænk af ekspressionisme.

Altid med farverne i centrum.

Oplevelser på Sydøen i New Zealand

- Se nuttede pingviner, oplev åndeløse panoramaer og hør cikader i urskove

Forfatter: Peder Fjordvang

ISBN-13:   9788771886528

335 sider

Kom med på en spændende rejse til Sydøen i New Zealand. Mød sæler, oplev massere af storslåede panoramaer, hør cikader i urskove, find ro på gyldne strande og kom med på mange vandreture i Sydøens pragtfulde natur.

Bogen er en spændende rejseguide for en lille familie med mange fotos.

3 akter

Medforfatter: Peder Fjordvang

ISBN-13:   9788771143409

59 sider

Vi er digtegruppen "3 Akter"

Vi er erotikken og kærligheden

Vi er de flammende og askegrå ord

Vi er den danske digtnings vrede konsensus

– vidt forskellige, men alligevel ens